Impressum
Verlag: BABADADA GmbH, Nedderfeld 112 , 22529 Hamburg
Geschäftsführer / Verlagsleitung: Harald Hof
Druck: Books on Demand GmbH, In de Tarpen 42, 22848 Norderstedt

Imprint
Publisher: BABADADA GmbH, Nedderfeld 112 , 22529 Hamburg, Germany
Managing Director / Publishing direction: Harald Hof
Print: Books on Demand GmbH, In de Tarpen 42, 22848 Norderstedt, Germany

škola
škola

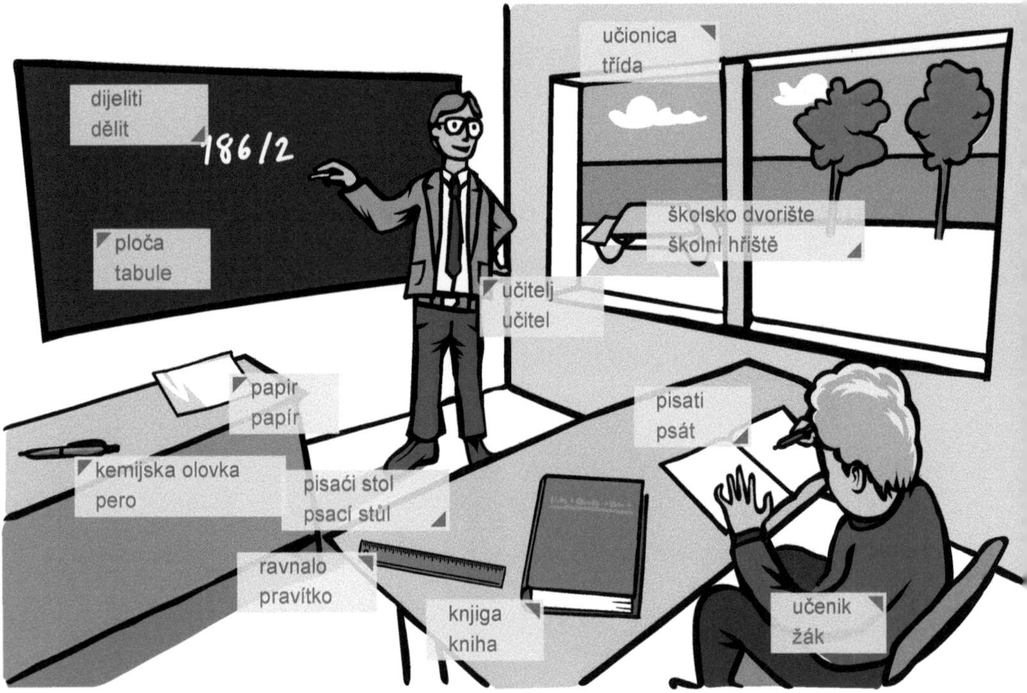
učionica
třída
dijeliti
dělit
186/2
ploča
tabule
školsko dvorište
školní hřiště
učitelj
učitel
papir
papír
pisati
psát
kemijska olovka
pero
pisaći stol
psací stůl
ravnalo
pravítko
knjiga
kniha
učenik
žák

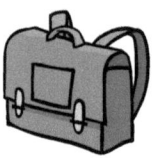

torba
aktovka

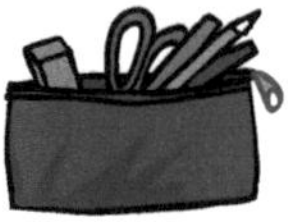

pernica
penál

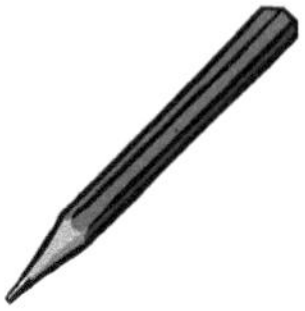

grafitna olovka
tužka

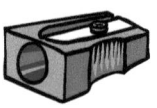

šiljilo za olovke
ořezávátko

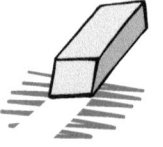

gumica za brisanje
guma

blok za crtanje
blok na kreslení

crtež

výkres

kist

štětec

kutija s bojama

malířské potřeby

makaze

nůžky

ljepilo

lepidlo

bilježnica

cvičebnice

domaći zadatak

domácí úkol

broj

počet

2+2

sabirati

sčítat

5-2

oduzimati

odčítat

2×2

množiti

násobit

računati

počítat

A

slovo

písmeno

ABCDEFG
HIJKLMN
OPQRSTU
VWXYZ

abeceda

abeceda

hello

riječ

slovo

tekst
text

čitati
číst

kreda
křída

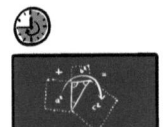

sat
hodina

dnevnik
třídní kniha

ispit
zkouška

svjedodžba
vysvědčení

školska uniforma
školní uniforma

obrazovanje
vzdělání

leksikon
encyklopedie

sveučilište
univerzita

mikroskop
mikroskop

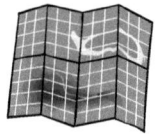

karta
karta

košara za papir
odpadkový koš na papír

hotel
hotel

Grand

prenoćište
ubytovna

ROOMS

mjenjačnica
směnárna

ECHANGE

kofer
kufr

auto
auto

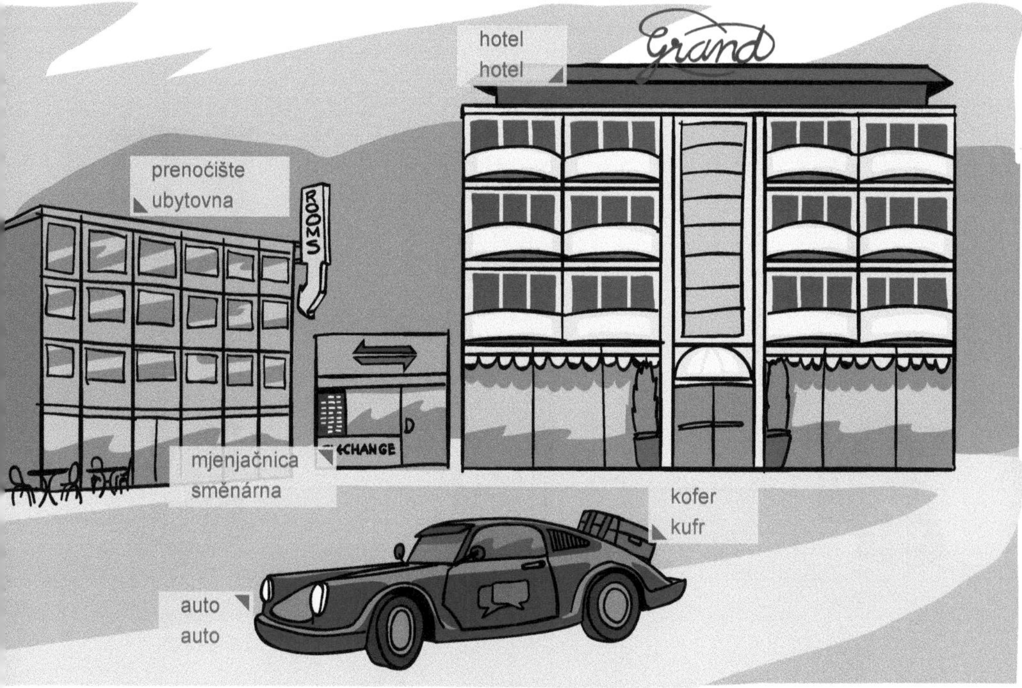

jezik
jazyk

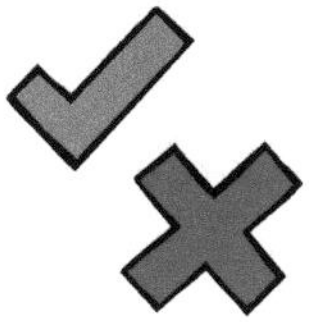

da / ne
ano / ne

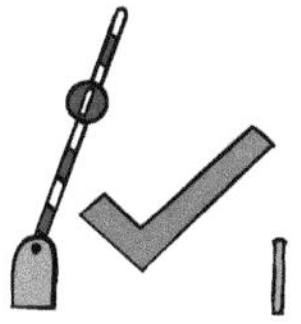

okay
oukej

zdravo
Ahoj!

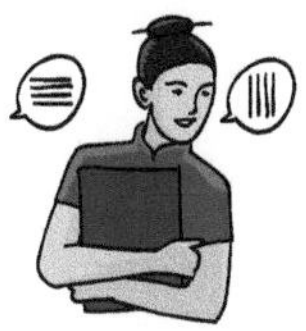

prevoditelj
překladatel

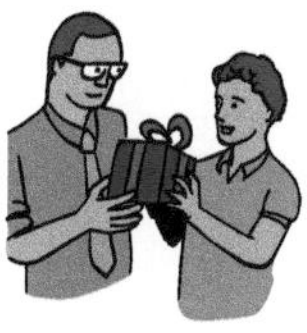

hvala
děkuji

Koliko košta...?

Kolik stojí...?

ne razumijem

nerozumím

problem

problém

dobro veče!

Dobrý večer!

Dobro jutro!

Dobré ráno!

Laku noć!

Dobrou noc!

doviđenja

na shledanou

smjer

směr

prtljaga

zavazadlo

torba

taška

ruksak

batoh

gost

host

soba

pokoj

vreća za spavanje

spací pytel

šator

stan

turističke informacije

turistické informace

plaža

pláž

kreditna kartica

kreditní karta

doručak

snídaně

ručak

oběd

večera

večeře

karta za vožnju

jízdenka

dizalo

výtah

poštanska markica

poštovní známka

granica

hranice

carina

clo

ambasada

poselství

viza

vízum

putovnica

pas

transport
transport

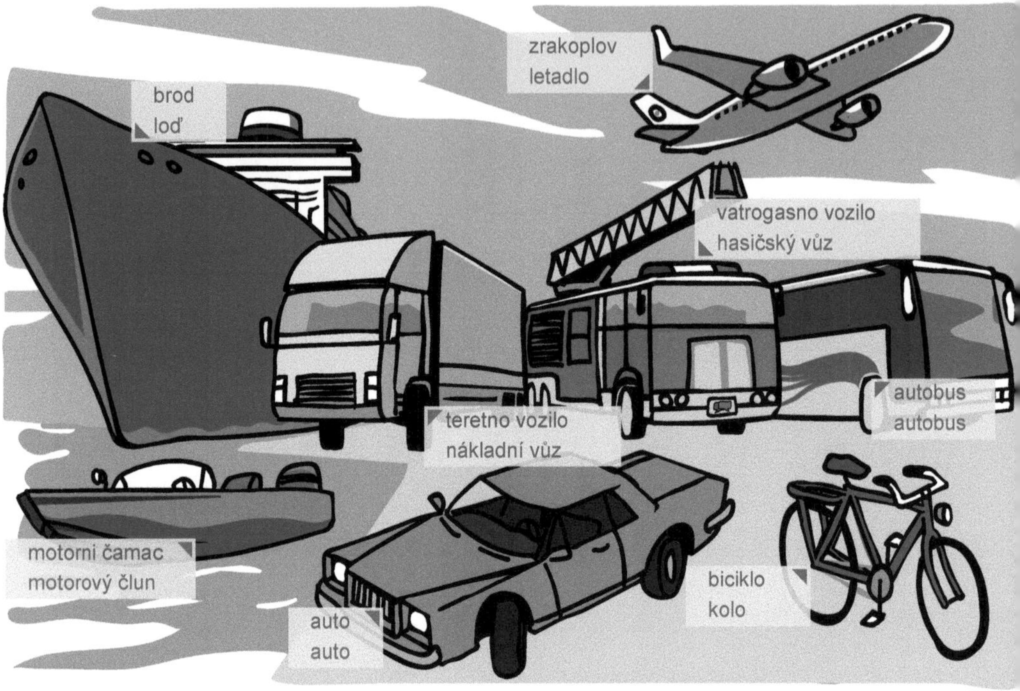
zrakoplov
letadlo
brod
loď
vatrogasno vozilo
hasičský vůz
autobus
autobus
teretno vozilo
nákladní vůz
motorni čamac
motorový člun
biciklo
kolo
auto
auto

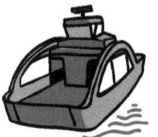

trajekt
přívoz

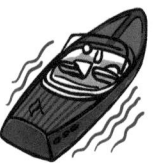

čamac
člun

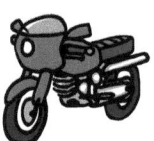

motocikl
motorka

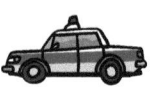

policijski auto
policejní auto

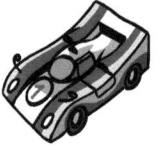

trkaći auto
závodní auto

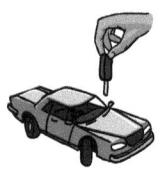

iznajmljeno auto
pronajaté auto

dijeljenje automobila

sdílení aut

vučno vozilo

odtahová služba

vozilo za odvoz smeća

popelářský vůz

motor

motor

benzin

palivo

benzinska postaja

čerpací stanice

prometni znak

dopravní značka

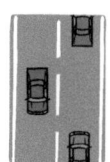

promet

doprava

zastoj

dopravní zácpa

parkiralište

parkoviště

kolodvor

vlakové nádraží

šine

koleje

vlak

vlak

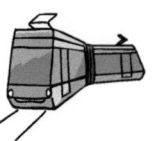

tramvaj

tramvaj

vagon

vagón

helikopter

helikoptéra

zrakoplovna luka

letiště

toranj

věž

putnik

pasažér

kontejner

kontejner

karton

kartón

kolica

trakař

košara

koš

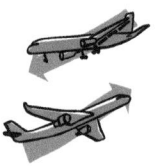

uzletjeti / sletjeti

vzlétnout / přistát

grad

město

selo

vesnice

centar grada

střed města

kuća

dům

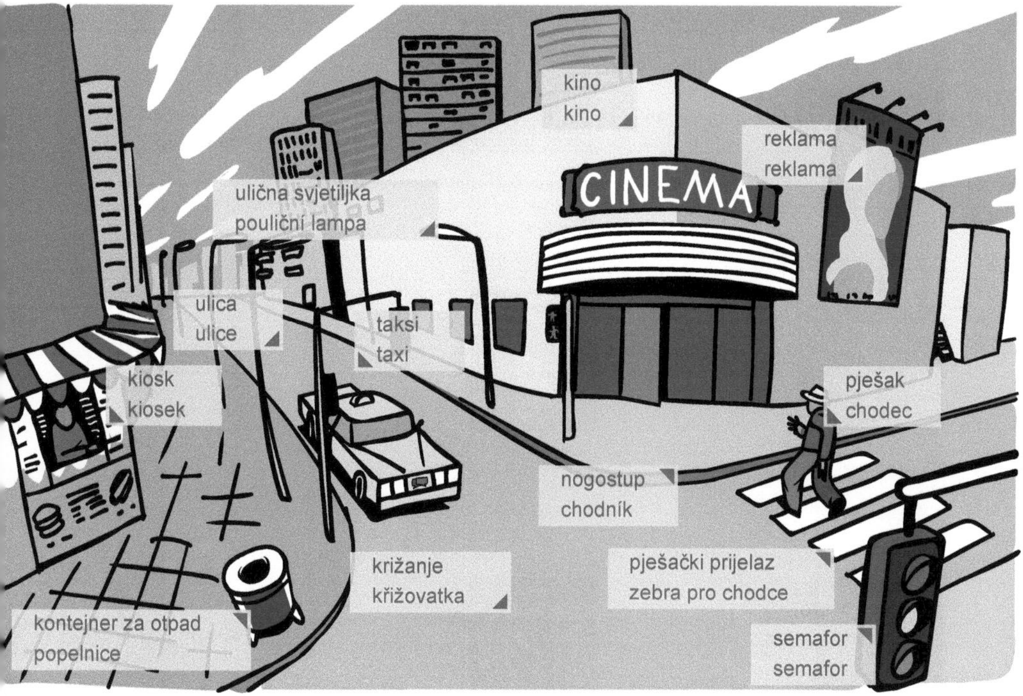

kino
kino

reklama
reklama

ulična svjetiljka
pouliční lampa

taksi
taxi

pješak
chodec

ulica
ulice

kiosk
kiosek

nogostup
chodník

križanje
križovatka

pješački prijelaz
zebra pro chodce

semafor
semafor

kontejner za otpad
popelnice

koliba
chata

stan
byt

kolodvor
vlakové nádraží

vijećnica
radnice

muzej
muzeum

škola
škola

grad - město

sveučilište

univerzita

banka

banka

bolnica

nemocnice

hotel

hotel

ljekarna

lékárna

ured

kancelář

knjižara

knihkupectví

prodavaonica

obchod

cvjećara

květinářství

supermarket

supermarket

trg

tržnice

robna kuća

obchodní dům

ribarnica

rybárna

trgovački centar

nákupní centrum

luka

přístav

park
park

klupa
lavička

most
most

stepenice
schody

podzemna željeznica
metro

tunel
tunel

autobusna stanica
autobusová zastávka

bar
bar

restoran
restaurace

poštansko sanduče
poštovní schránka

ulični znak
pouliční tabule

parkirni sat
parkovací hodiny

zoološki vrt
zoo

bazen
plovárna

džamija
mešita

seosko gazdinstvo

usedlost

zagađenje okoliša

znečišťování životního prostředí

groblje

hřbitov

crkva

církev

igralište

hřiště

hram

chrám

krajolik
krajina

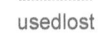

list
list

putokaz
rozcestník

put
cesta

livada
louka

kamen
kámen

drvo
strom

šetač
turista

rijeka
řeka

trava
tráva

cvijet
květina

dolina
údolí

planina
hora

jezero
jezero

šuma
les

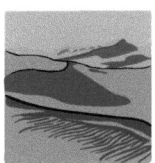

pustinja
poušť

vulkan
sopka

dvorac
zámek

duga
duha

gljiva
houba

palma
palma

moskito
komár

muha
moucha

mrav
mravenec

pčela
včela

pauk
pavouk

buba
brouk

žaba
žába

vjeverica
veverka

jež
ježek

zec
zajíc

sova
sova

ptica
pták

labud
labuť

divlja svinja
divoké prase

jelen
jelen

los
los

nasip
přehrada

vjetrenjača
větrné kolo

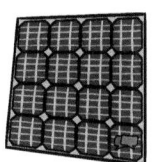

solarna ploča
solární panel

klima
podnebí

restoran

restaurace

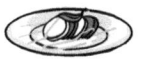

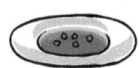

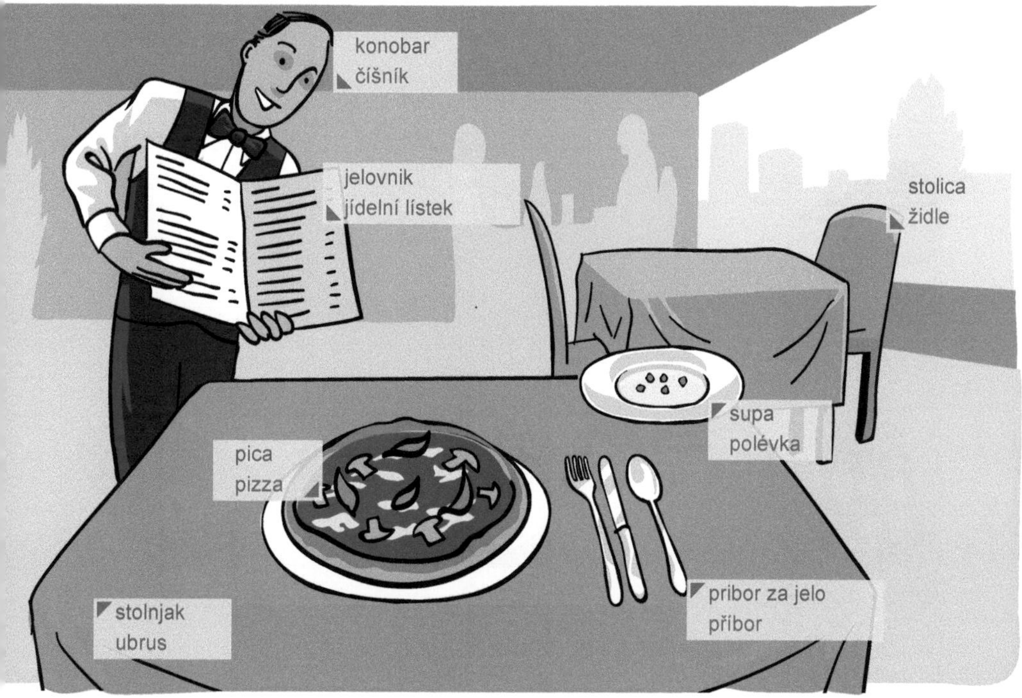

konobar
číšník
jelovnik
jídelní lístek
stolica
židle
supa
polévka
pica
pizza
stolnjak
ubrus
pribor za jelo
příbor

predjelo

předkrm

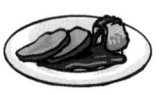

glavno jelo

hlavní chod

desert

dezert

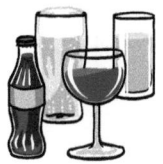

napitci

nápoje

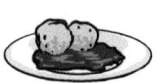

jelo

jídlo

boca

láhev

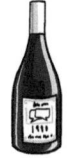

fastfood
....
rychlé občerstvení

imbis hrana
....
pouliční občerstvení

čajnik
....
čajová konvice

doza za šećer
....
cukřenka

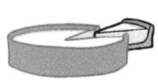

porcija
....
porce

aparat za espresso
....
kávovar na espresso

visoka stolica
....
dětská stolička

račun
....
faktura

pladanj
....
tác

nož
....
nůž

vilica
....
vidlička

žlica
....
lžíce

čajna žlica
....
čajová lyžička

ubrus
....
ubrousek

čaša
....
sklenička

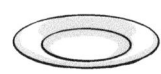

tanjur

talíř

tanjur za supu

talíř na polévku

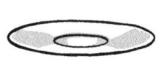

tanjurić

podšálek

sos

omáčka

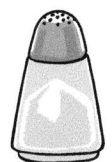

soljenka

slánka

mlin za biber

mlýnek na pepř

ocat

ocet

ulje

olej

začini

koření

kečap

kečup

senf

hořčice

majoneza

majonéza

supermarket
supermarket

ponuda
nabídka
FOR
kupac
zákazník
mliječni proizvodi
mléčné výrobky
voće
ovoce
kolica za kupnju
nákupní vozík

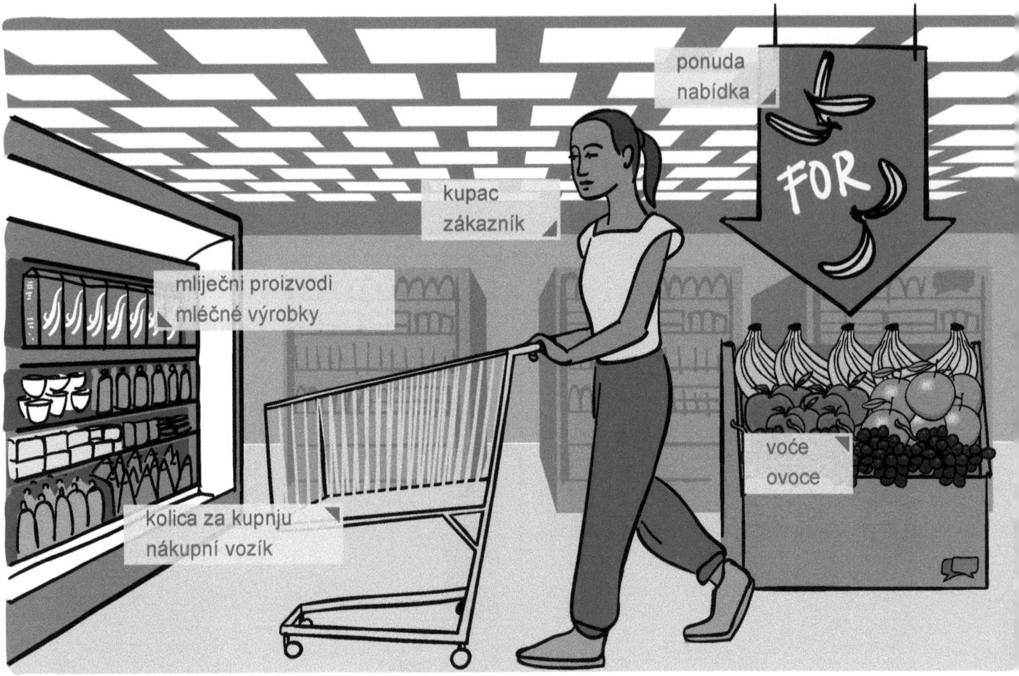

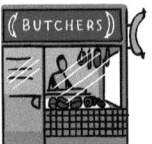

BUTCHERS

mesnica
masna

BAKERY

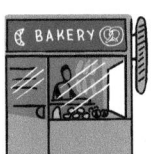

pekarnica
pekařství

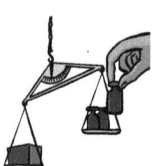

vagati
vážit

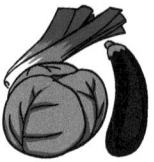

povrće
zelenina

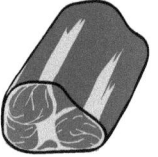

meso
maso

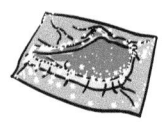

duboko smrznuta hrana
mražené potraviny

narezak

obložený talíř

konzerve

konzervy

sredstvo za pranje

prací prášek

slatkiši

cukrovinky

artikli za domaćinstvo

výrobky pro domácnost

sredstva za čišćenje

čisticí prostředek

prodavačica

prodavačka

blagajna

pokladna

blagajnik

pokladní

lista za kupnju

nákupní seznam

vrijeme rada

otevírací doba

novčanik

peněženka

kreditna kartica

kreditní karta

torba

taška

plastična vrećica

igelitová taška

voda

voda

sok

džus

mlijeko

mléko

cola

kola

vino

víno

pivo

pivo

alkohol

alkohol

kakao

kakao

čaj

čaj

kava

káva

espresso

espresso

cappuccino

kapučíno

banana
banán

jabuka
jablko

naranča
pomeranč

lubenica
meloun

limun
citrón

mrkva
mrkev

češnjak
česnek

bambus
bambus

luk
cibule

gljiva
houba

orašasti plodovi
ořechy

rezanci
těstoviny

špagete   riža   salata

špageti   rýže   salát

pomfrit   pečeni krumpir   pica

hranolky   americké brambory   pizza

hamburger   sendvič   šnicla

hamburger   sendvič   řízek

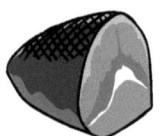

pršut   salama   kobasica

šunka   salám   salám

kokoš   pečenje   riba

kuře   pečeně   ryby

zobene pahuljice
ovesné vločky

musli
müsli

kukuruzne pahuljice
vločky

brašno
mouka

roščić
croissant

pecivo
houska

kruh
chléb

toast
toast

keksi
sušenky

maslac
máslo

svježi sir
tvaroh

kolač
buchta

jaje
vejce

jaje na oko
volské oko

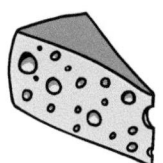

sir
sýr

jelo - jídlo

sladoled

zmrzlina

šećer

cukr

med

med

marmelada

marmeláda

nugat krema

nugátový krém

curry

kari

seosko gazdinstvo
usedlost

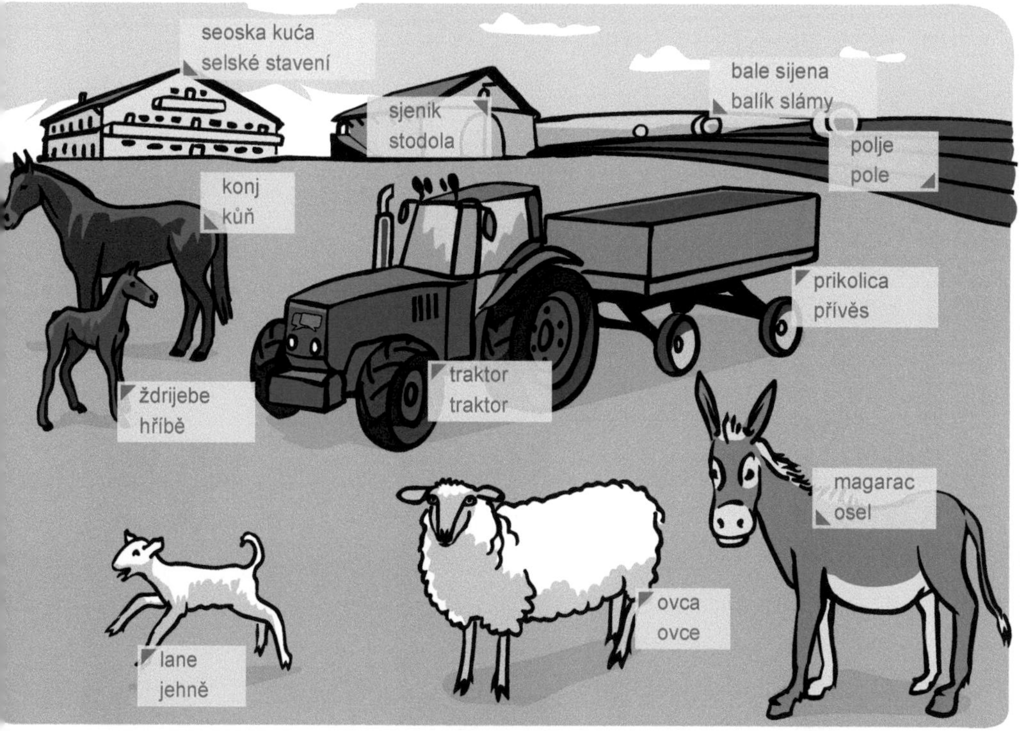
seoska kuća
selské stavení
sjenik
stodola
bale sijena
balík slámy
polje
pole
konj
kůň
prikolica
přívěs
traktor
traktor
ždrijebe
hříbě
magarac
osel
ovca
ovce
lane
jehně

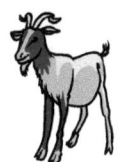

koza
koza

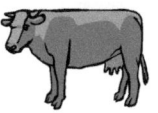

krava
kráva

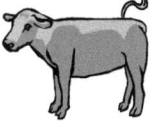

tele
tele

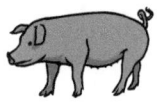

svinja
prase

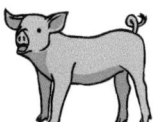

prase
sele

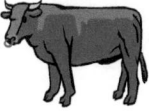

bik
býk

guska
husa

patka
kachna

pilići
kuře

kokoš
slepice

pijetao
kohout

pacov
krysa

mačka
kočka

miš
myš

vol
vůl

pas
pes

kućica za psa
psí bouda

vrtno crijevo
zahradní hadice

kanta za polijevanje
kropicí konev

kosa
kosa

plug
pluh

srp
srp

motika
motyka

vilica za gnojivo
vidle

sjekira
sekera

tačke
kolecko

korito
koryto

posuda za mlijeko
konev na mléko

vreća
pytel

ograda
plot

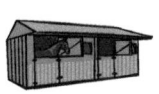

štala
stáj

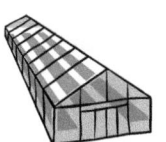

staklenik
skleník

zemlja
půda

sjeme
osivo

gnojivo
hnojivo

kombajn
kombajn

žanjati

sklidit

žetva

sklizeň

yams začin

smldinec

pšenica

pšenice

soja

sója

krumpir

brambora

kukuruz

kukuřice

uljana repica

řepka

voćka

ovocný strom

gomolj manioke

maniok

žitarice

obilí

kuća
dům

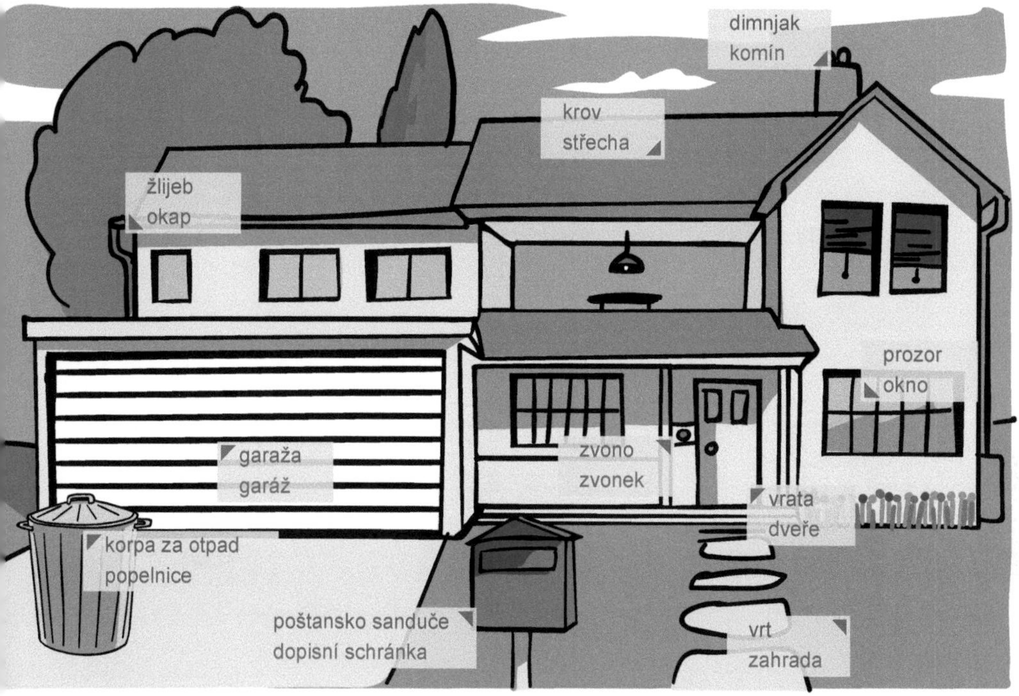
dimnjak
komín
krov
střecha
žlijeb
okap
prozor
okno
garaža
garáž
zvono
zvonek
vrata
dveře
korpa za otpad
popelnice
poštansko sanduče
dopisní schránka
vrt
zahrada

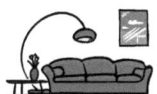

dnevna soba

obývací pokoj

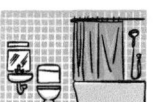

kupaonica

koupelna

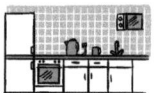

kuhinja

kuchyně

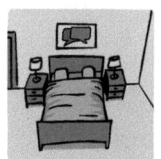

spavaća soba

ložnice

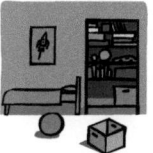

dječija soba

dětský pokoj

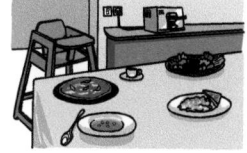

trpezarija

jídelna

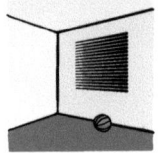

pod

podlaha

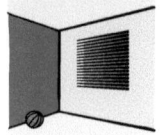

zid

zeď

strop

deka

podrum

sklep

sauna

sauna

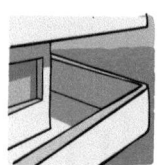

balkon

balkón

terasa

terasa

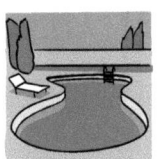

bazen

bazén

kosilica za travu

sekačka na trávu

posteljina za krevet

ložní prádlo

deka za krevet

lůžková přikrývka

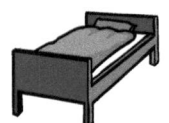

krevet

postel

metla

smeták

kanta

kýbl

sklopka

vypínač

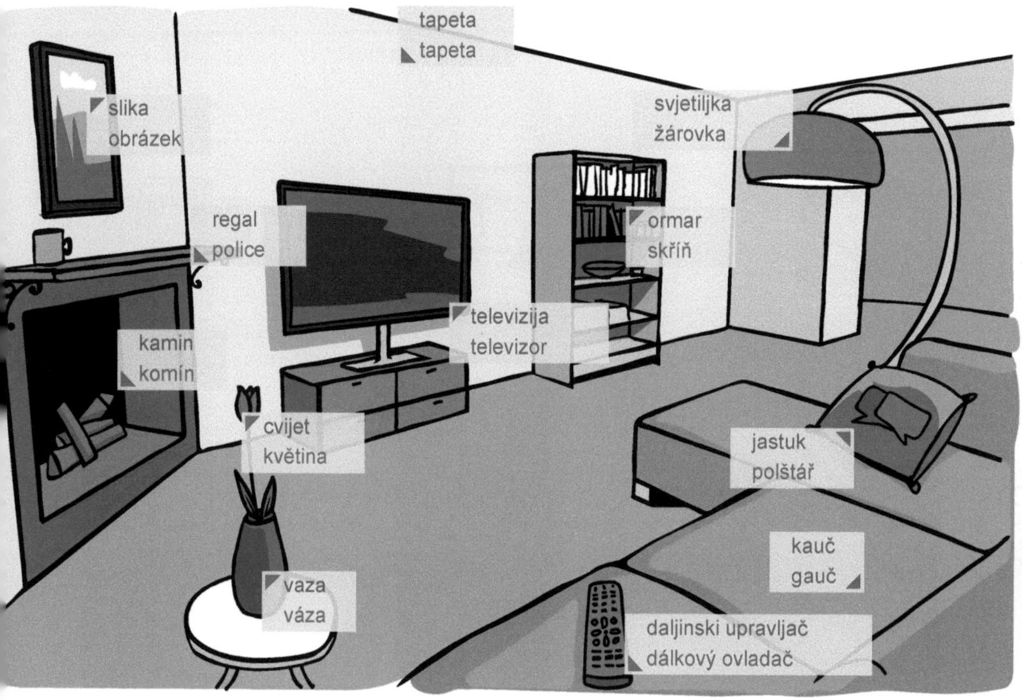

tapeta
tapeta

slika
obrázek

svjetiljka
žárovka

regal
police

ormar
skříň

kamin
komín

televizija
televizor

cvijet
květina

jastuk
polštář

kauč
gauč

vaza
váza

daljinski upravljač
dálkový ovladač

tepih
koberec

zavjesa
závěs

stol
stůl

stolica
židle

stolica za njihanje
houpací křeslo

fotelja
křeslo

knjiga
kniha

deka
strop

dekoracija
ozdoba

drvo za ogrjev
palivové dříví

film
film

stereo uređaj
stereo souprava

ključ
klíč

novine
noviny

slika na platnu
malba

poster
plakát

radio
rádio

blok za pisanje
poznámkový blok

usisavač
vysavač

kaktus
kaktus

svijeća
svíce

kuhinja
kuchyně

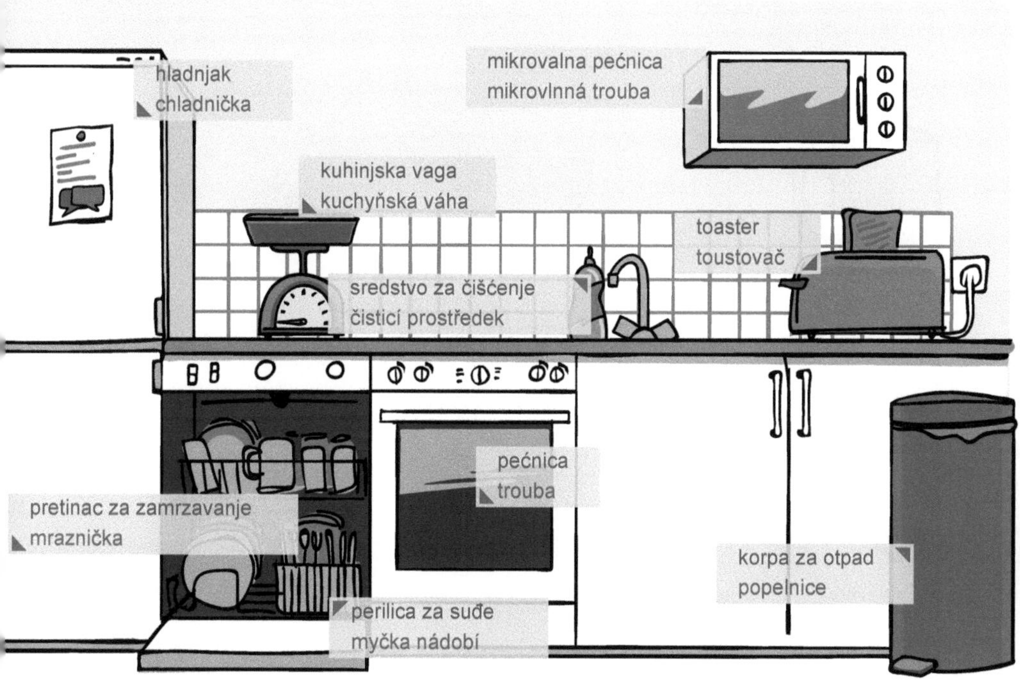
hladnjak
chladnička
mikrovalna pećnica
mikrovlnná trouba
kuhinjska vaga
kuchyňská váha
toaster
toustovač
sredstvo za čišćenje
čisticí prostředek
pećnica
trouba
pretinac za zamrzavanje
mraznička
korpa za otpad
popelnice
perilica za suđe
myčka nádobí

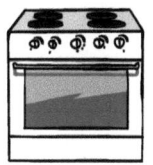

štednjak

sporák

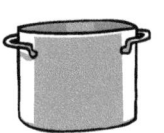

lonac

hrnec

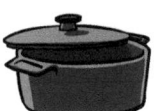

željezni lonac

litinový hrnec

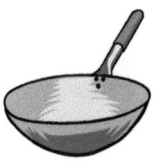

wok / kadai

wok / kadai

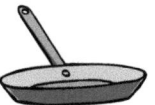

tava

pánev

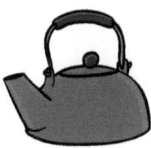

kuhalo za vodu

varná konvice

kuhalo na paru

parní hrnec

lim za pečenje

plech na pečení

posuđe

nádobí

čaša

hrnek

zdjela

miska

štapići za jelo

jídelní hůlky

kutljača

naběračka

lopatica

obracečka

pjenjača

metla

sito za kuhanje

síto

sito

cedník

ribež

struhadlo

mužar

hmoždíř

roštilj

gril

ognjište

ohniště

daska

prkénko na krájení

oklagija

váleček na těsto

vadičep

vývrtka

konzerva

dóza

otvarač konzervi

otvírák na konzervy

krpa za lonac

chňapka

sudoper

umyvadlo

četka

kartáč na nádobí

spužva

houba

mikser

mixér

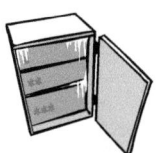

zamrzivač

mrazák

bočica za bebe

dětská lahev

slavina za vodu

kohoutek

kupaonica
koupelna

grijanje
topení
ručnik
ručník
tuš
sprcha
zavjesa za tuš
sprchový závěs
pjenušava kupka
pěnová koupel
kada
vana
čaša
sklenička
perilica za rublje
pračka
slavina za vodu
kohoutek
pločice
obkladačky
dječja kahlica
nočník
sudoper
umyvadlo

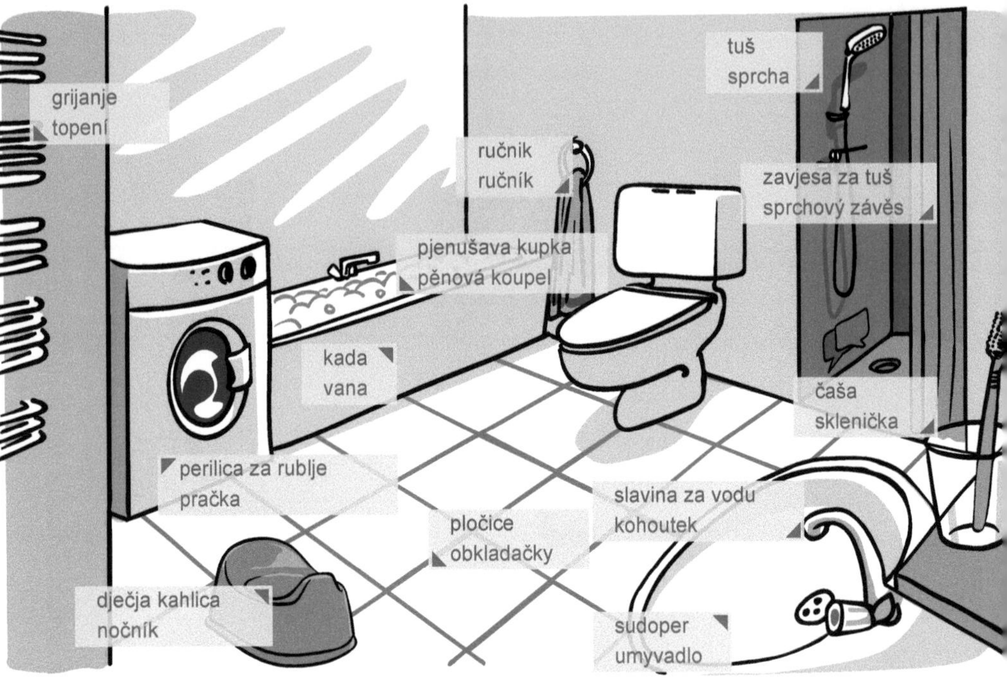

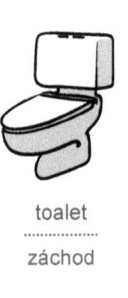

toalet
záchod

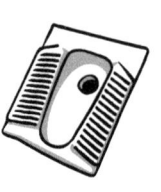

čučavac
turecký záchod

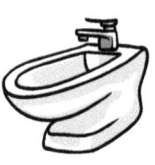

bidet
bidet

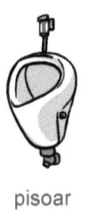

pisoar
pisoár

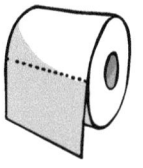

papir za toalet
toaletní papír

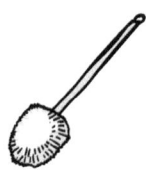

četka za toalet
záchodová štětka

četkica za zube

zubní kartáček

pasta za zube

zubní pasta

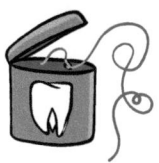

konac za zube

zubní niť

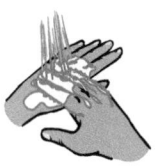

prati

mýt

tuš ručica

ruční sprcha

tuš za pranje intimnih dijelova

intimní sprcha

lavor

umyvadlo

četka za pranje leđa

kartáč na záda

sapun

mýdlo

gel za tuširanje

sprchový gel

šampon

šampón

krpa za pranje

žínka

odvod

odpad

krema

krém

dezodorans

deodorant

ogledalo

zrcadlo

kozmetičko ogledalo

kosmetické zrcátko

brijač

holicí strojek

pjena za brijanje

pěna na holení

losion za poslije brijanja

voda po holení

češalj

hřeben

četka

kartáč

sušilo za kosu

fén

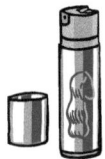

sprej za kosu

lak na vlasy

makeup

makeup

ruž za usne

rtěnka

lak za nokte

lak na nehty

vata

vata

škare za nokte

nůžky na nehty

parfem

parfém

neseser
aška s toaletními potřebami

stolica
stolička

vaga
váha

ogrtač
župan

rukavice za čišćenje
gumové rukavice

tampon
tampón

uložak
dámská vložka

kemijski toalet
chemická toaleta

dječija soba
dětský pokoj

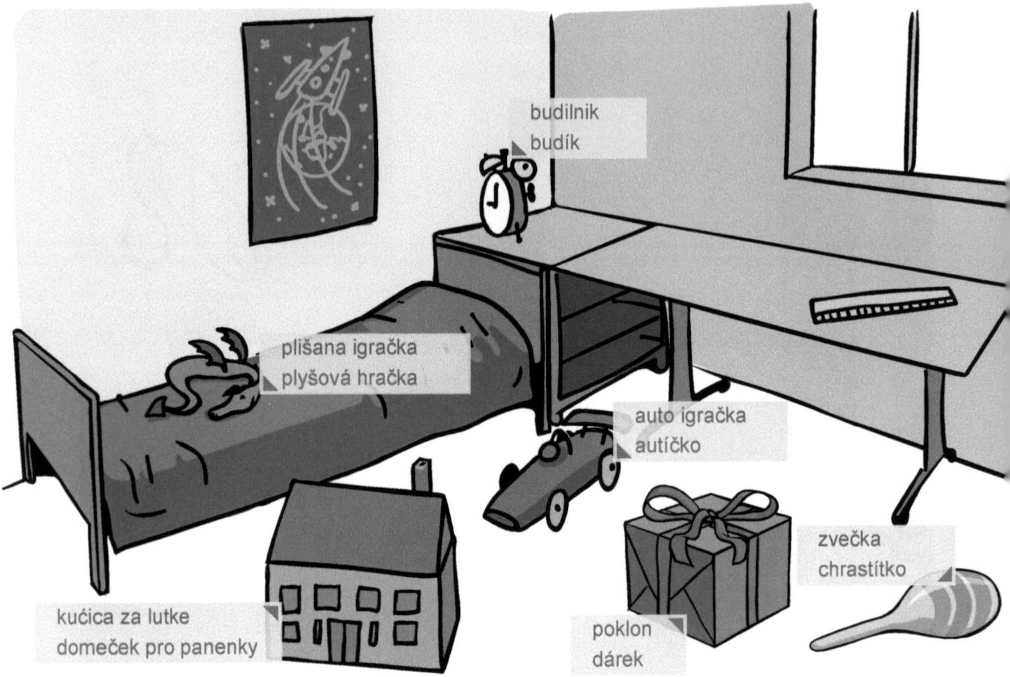

budilnik
budík
plišana igračka
plyšová hračka
auto igračka
autíčko
zvečka
chrastítko
kućica za lutke
domeček pro panenky
poklon
dárek

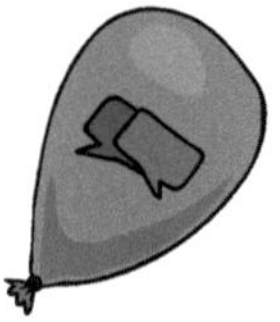

balon
balón

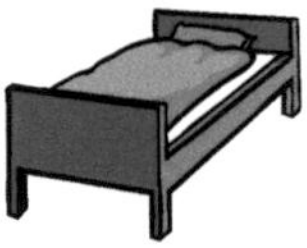

krevet
postel

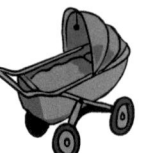

dječija kolica
kočárek

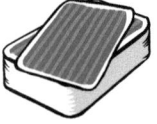

igra s kartama
balíček karet

slagalica
puzzle

SUPER
MEGA

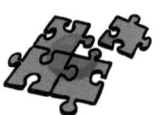

strip
komiks

lego kockice

lego kostky

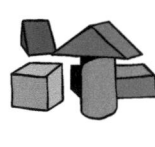

kockice za slaganje

stavebnice

akcioni junak

akční figurka

kombinezon za bebe

dupačky

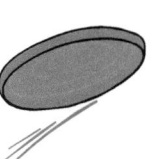

frizbi

frisbee

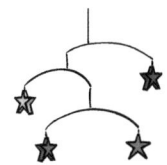

viseće igračke

závěsné hračky nad
postýlku

društvene igre

desková hra

kocka

kostky

minijaturna željeznica

modelová železnice

duda

dudlík

tulum

oslava

slikovnica

obrázková kniha

lopta

míč

lutka

panenka

igrati

hrát si

pješčanik
pískoviště

ljuljačka
houpačka

igračka
hračky

konzola za igre
hrací konzole

tricikl
tříkolka

plišani medo
medvídek

ormar
šatník

odjeća
oblečení

kratke čarape
ponožky

čarape
punčochy

hulahopke
punčochové kalhoty

šal
šála

kišobran
deštník

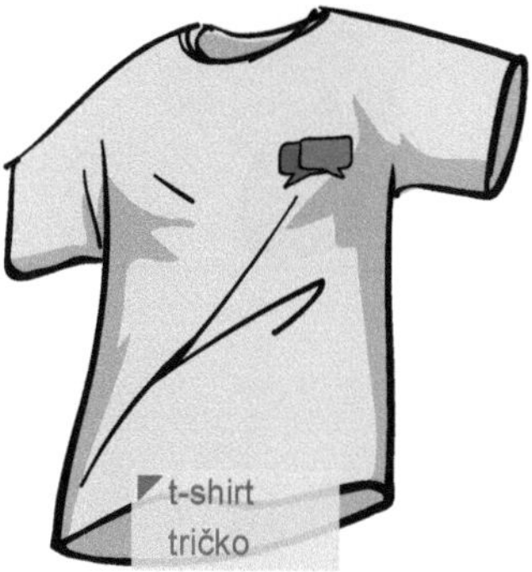

kaiš
pásek

t-shirt
tričko

čizme
kozačky

papuče
domácí obuv

patíke
tenisky

sandale
....
sandály

cipele
....
obuv

gumene čizme
....
holínky

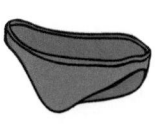

gaćice
....
spodní prádlo

grudnjak
....
podprsenka

potkošulja
....
nátělník

odjeća - oblečení   45

bodi

body

hlače

kalhoty

džins

džíny

haljina

sukně

bluza

blůza

košulja

košile

džemper

svetr

pulover s kapuljačom

mikina

blejzer

blejzr

jakna

bunda

kaput

kabát

kabanica

pláštěnka

kostim

kostým

haljina

šaty

vjenčanica

svatební šaty

odjeća - oblečení

odijelo

oblek

spavaćica

noční košile

pidžama

pyžamo

sari

sárí

rubac

šátek na hlavu

turban

turban

burka

burka

kaftan

kaftan

abaja

abája

kupaći kostim

plavky

kupaće gaćice

pánské plavky

kratke hlače

kraťasy

odjeća za trening

teplákova souprava

pregača

zástěra

rukavice

rukavice

odjeća - oblečení

gumb

knoflík

naočale

brýle

narukvica

náramek

ogrlica

náhrdelník

prsten

prsten

naušnica

náušnice

kapa

čepice

vješalica

ramínko

šešir

klobouk

kravata

kravata

patent zatvarač

zip

kaciga

helma

naramenice

kšandy

školska uniforma

školní uniforma

uniforma

uniforma

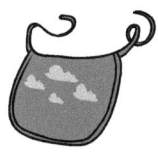

podbradak

bryndák

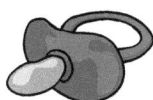

duda

dudlík

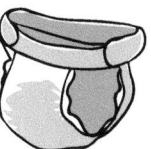

pelena

plena

ured
kancelář

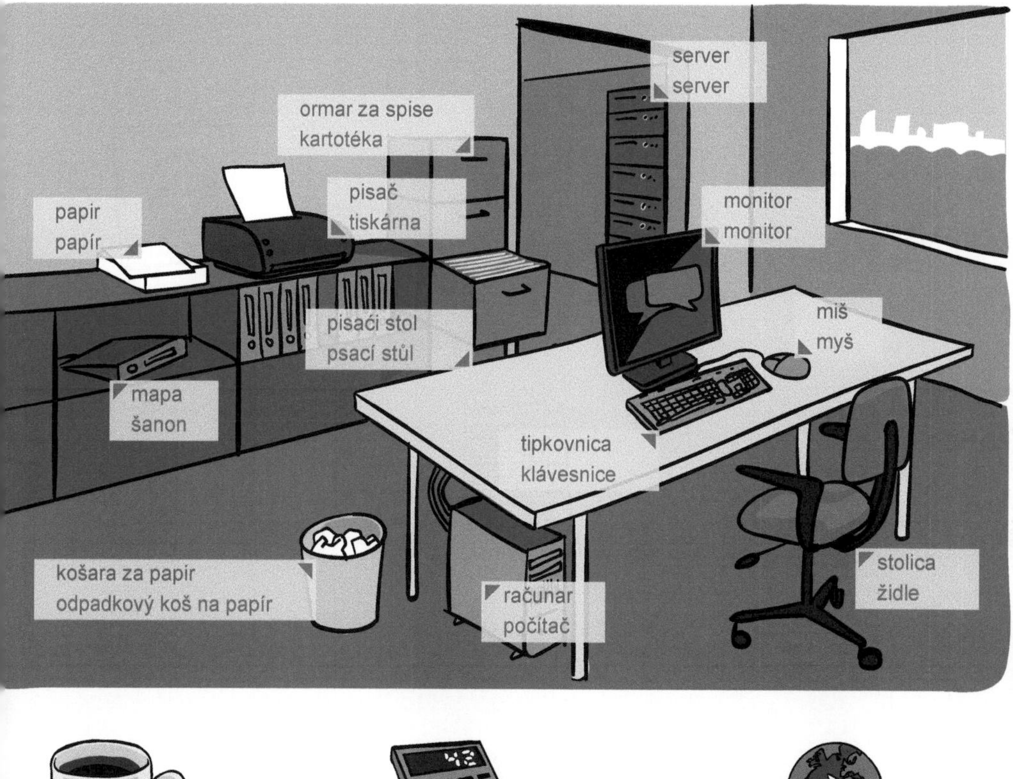

server
server
ormar za spise
kartotéka
pisač
tiskárna
papir
papír
monitor
monitor
miš
myš
pisaći stol
psací stůl
mapa
šanon
tipkovnica
klávesnice
košara za papir
odpadkový koš na papír
računar
počítač
stolica
židle

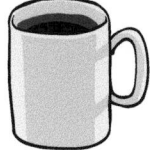

šalica za kavu

hrnek na kávu

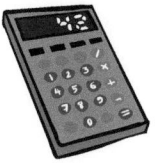

kalkulator

kalkulačka

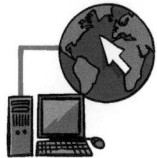

internet

internet

laptop

notebook

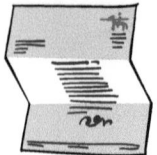

pismo

dopis

poruka

zpráva

mobilni telefon

mobil

mreža

síť

uređaj za kopiranje

kopírka

softver

software

telefon

telefon

utičnica

zásuvka

faks

fax

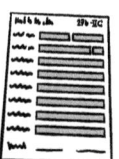

obrazac

formulář

dokument

dokument

ured - kancelář

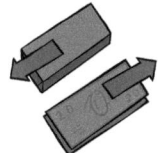  

kupovati	platiti	trgovati
nakupovat	zaplatit	jednat

novac	dolar	euro
peníze	dolar	euro

jen	rubalj	švicarski franak
jen	rubl	frank

renmindbi yuan	rupija	automat za novac
juan	rupie	bankomat

mjenjačnica

směnárna

zlato

zlato

srebro

stříbro

nafta

olej

energija

energie

cijena

cena

ugovor

smlouva

porez

daň

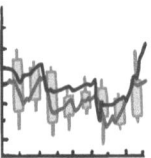

dionica

akcie

raditi

pracovat

službenik

zaměstnanec

poslodavac

zaměstnavatel

tvornica

továrna

prodavaonica

obchod

gospodarstvo - hospodářství

policajac
policista

vatrogasac
hasič

kuhar
kuchař

liječnik
lékař

pilot
pilot

vrtlar

zahradník

stolar

truhlář

krojačica

švadlena

sudija

soudce

kemičar

chemik

glumac

herec

vozač autobusa

řidič autobusu

vozač taksija

řidič taxi

ribar

rybář

čistačica

uklízečka

krovopokrivač

pokrývač

konobar

číšník

lovac

myslivec

slikar

malíř

pekar

pekař

električar

elektrikář

građevinski radnik

stavební dělník

inženjer

inženýr

mesar

řezník

limar

klempíř

poštar

listonoš

vojnik

voják

arhitekta

architekt

blagajnik

pokladní

cvjećar

florista

frizer

kadeřník

kondukter

průvodčí

mehaničar

mechanik

kapetan

kapitán

zubar

zubař

znanstvenik

vědec

rabi

rabín

imam

imám

monah

mnich

svećenik

duchovní

alati
nářadí

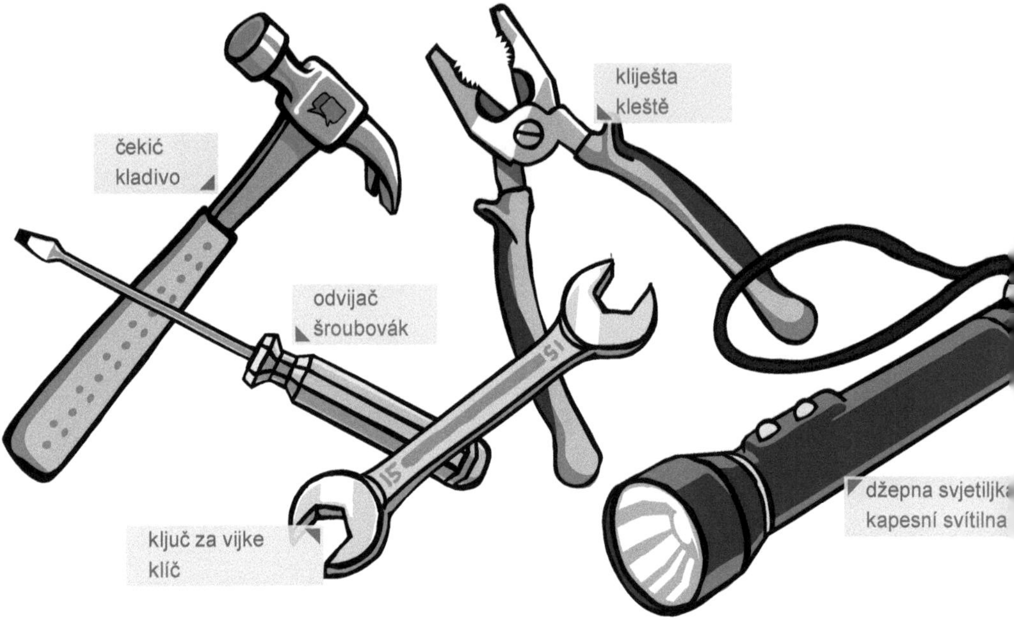

čekić
kladivo
kliješta
kleště
odvijač
šroubovák
ključ za vijke
klíč
džepna svjetiljk
kapesní svítilna

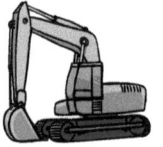

rovokopač

bagr

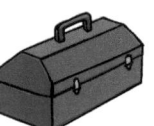

kutija za alat

skříň na nářadí

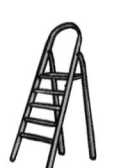

ljestve

žebřík

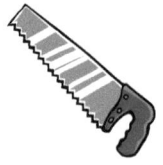

pila

pila

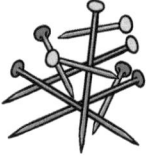

ekser

hřebíky

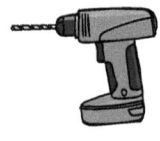

bušilica

vrtačka

popraviti

opravit

lopata

lopata

Sranje!

Kurva!

lopatica

lopatka

lonac za boju

vědroé na barvu

vijci

šrouby

glazbeni instrument
hudební nástroje

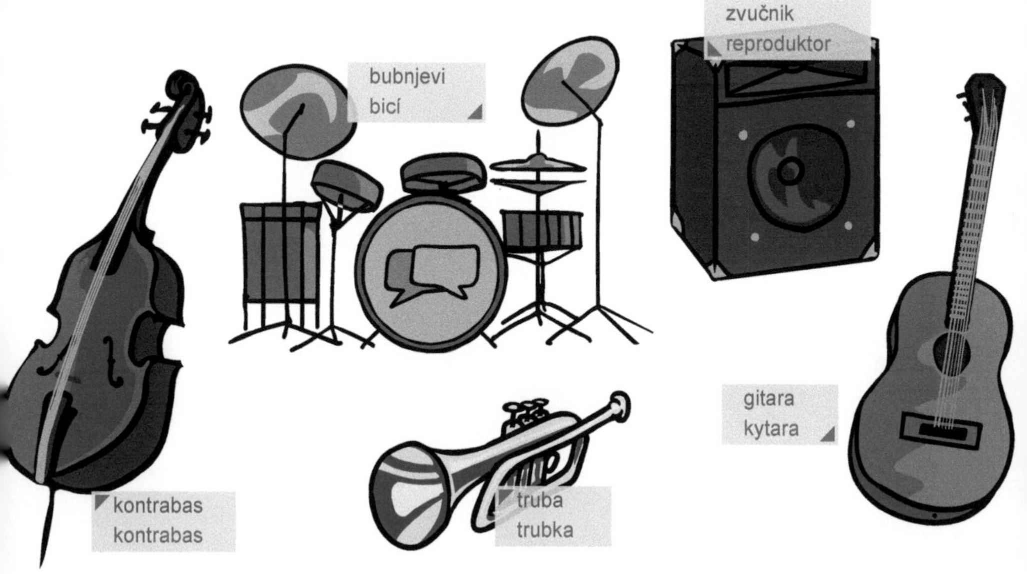

zvučnik
reproduktor

bubnjevi
bicí

gitara
kytara

kontrabas
kontrabas

truba
trubka

klavir

klavír

violina

housle

bas

basa

timpani

tympán

udaraljke za bubnjeve

bubny

keyboard

keyboard

saksofon

saxofon

flauta

flétna

mikrofon

mikrofon

glazbeni instrument - hudební nástroje

ulaz
vstup

tigar
tygr

kavez
klec

zebra
zebra

hrana za životinje
krmivo pro zvířata

panda
panda

životinje
zvířata

slon
slon

kengur
klokan

nosorog
nosorožec

gorila
gorila

medvjed
medvěd

kamila
velbloud

noj
pštros

lav
lev

majmun
opice

flamingo
plameňák

papagaj
papoušek

polarni medvjed
lední medvěd

pingvin
tučňák

ajkula
žralok

paun
páv

zmija
had

krokodil
krokodýl

čuvar u zoološkom vrtu
ošetřovatel zvířat

tuljan
tuleň

jaguar
jaguár

poni
 poník

leopard
leopard

nilski konj
hroch

žirafa
žirafa

orao
orel

divlja svinja
divoké prase

riba
ryby

kornjača
želva

morž
mrož

lisica
liška

gazela
gazela

americki nogomet
americký fotbal

biciklizam
cyklistika

tenis
tenis

košarka
košíková

plivanje
plavání

boks
box

hockey na ledu
lední hokej

nogomet
kopaná

badminton
badminton

atletika
lehká atletika

rukomet
házená

skijanje
běh na lyžích

polo
vodní pólo

skočiti
skočit

zagrliti
objímat

smijati se
smát se

ići
jít

pjevati
zpívat

sanjati
snít

moliti se
modlit se

poljubiti
políbit

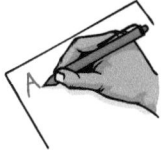

pisati

psát

crtati

kreslit

pokazati

ukazovat

gurati

tlačit

dati

dát

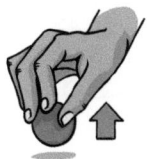

uzeti

vzít si

imati
....
mít

činiti
....
dělat

biti
....
být

stojati
....
stát

trčati
....
běhat

povlačiti
....
táhnout

baciti
....
hodit

padati
....
padat

ležati
....
ležet

čekati
....
čekat

nositi
....
nosit

sjediti
....
sedět

oblačiti
....
oblékat

spavati
....
spát

probuditi se
....
vzbudit se

gledati
prohlédnout si

plakati
plakat

milovati
pohladit

češljati
česat

govoriti
hovořit

razumjeti
rozumět

pitati
ptát se

slušati
slyšet

piti
pít

jesti
jíst

pospremiti
uklidit

voljeti
milovat

kuhati
vařit

voziti
jet

letjeti
letět

aktivnosti - aktivity

65

ploviti
plachtit

računati
počítat

čitati
číst

učiti
učit se

raditi
pracovat

vjenčati se
vzít si

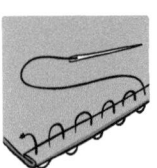

šiti
šít

prati zube
čistit si zuby

ubiti
zabít

pušiti
kouřit

poslati
poslat

baka
babička

djed
dědeček

otac
otec

majka
matka

beba
dítě

kćerka
dcera

sin
syn

gost

host

tetka

teta

ujak, stric

strýc

brat

bratr

sestra

sestra

tijelo

tělo

čelo
čelo
oko
oko
rame
rameno
prst
prst
lice
obličej
brada
brada
ruka
ruka
noga
dolní končetina
grudi
hruď
ruka
paže

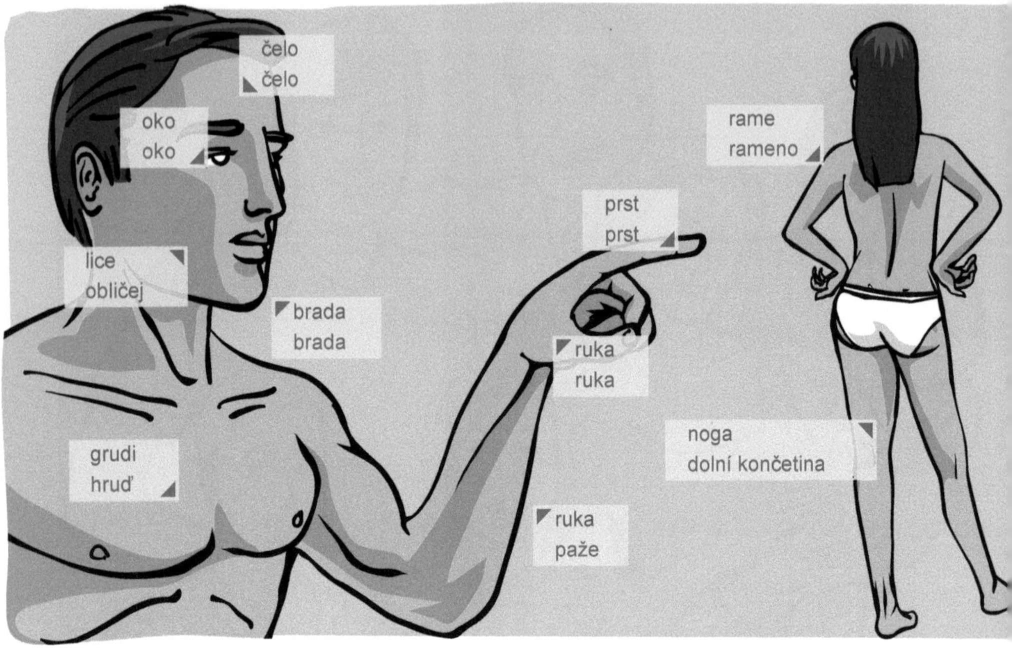

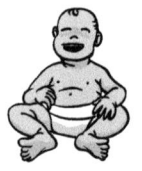

beba

dítě

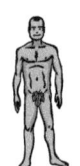

muškarac

muž

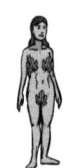

žena

žena

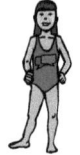

djevojčica

dívka

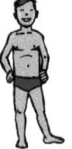

dječak

chlapec

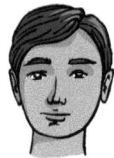

glava

hlava

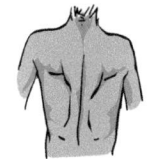

leđa

záda

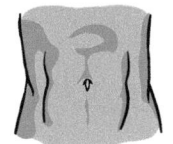

trbuh

břicho

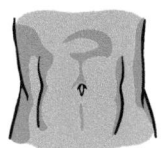

pupak

pupík

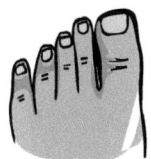

nožni prst

prst na noze

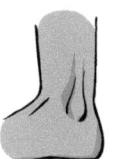

peta

pata

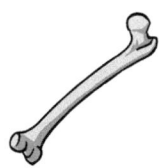

kost

kost

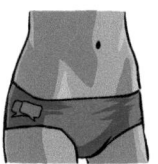

kuk

bok

koljeno

koleno

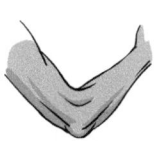

lakat

loket

nos

nos

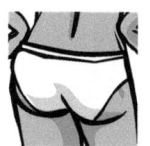

stražnjica

zadek

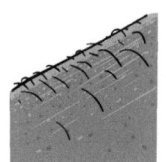

koža

kůže

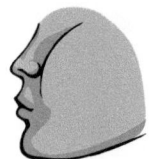

obraz

tvář

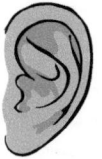

uho

ucho

usna

ret

tijelo - tělo

usta

ústa

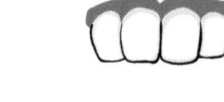

zub

zub

jezik

jazyk

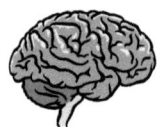

mozak

mozek

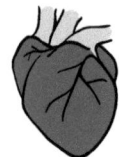

srce

srdce

mišić

sval

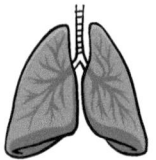

pluća

plíce

jetra

játra

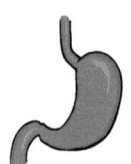

želudac

žaludek

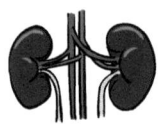

bubrezi

ledviny

snošaj

pohlavní styk

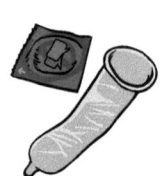

kondom

kondom

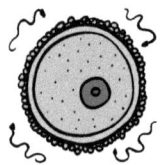

jajna stanica

vajíčko

sperma

sperma

trudnoća

těhotenství

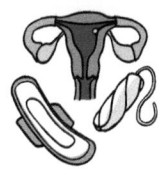

menstruacija
menstruace

vagina
vagina

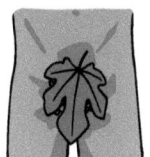

penis
penis

obrva
obočí

kosa
vlasy

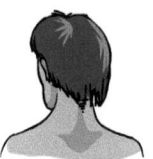

vrat
krk

bolnica
nemocnice

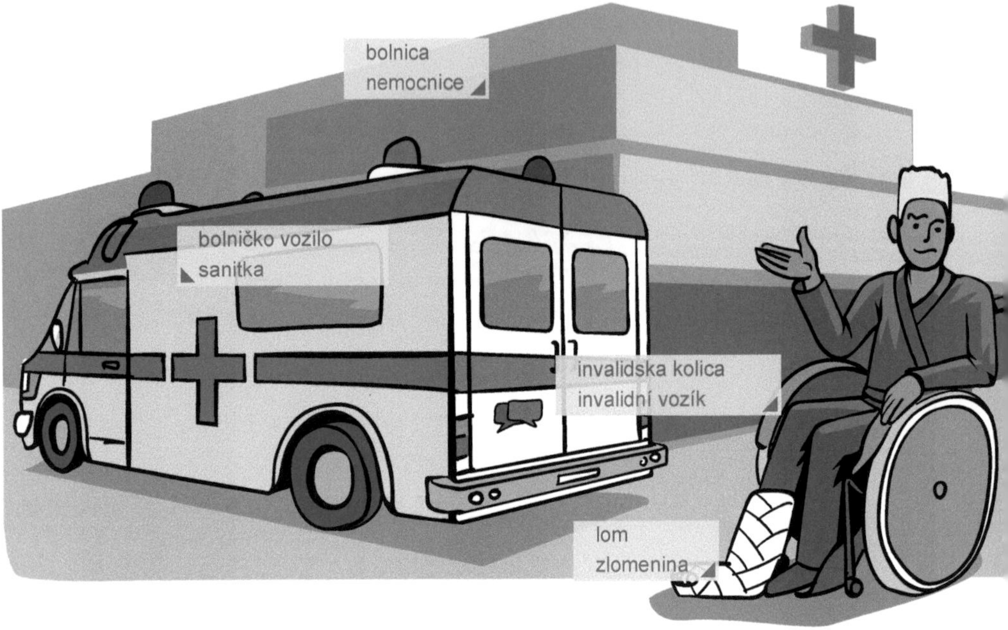

bolnica
nemocnice
bolničko vozilo
sanitka
invalidska kolica
invalidní vozík
lom
zlomenina

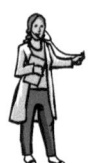

 liječnik
lékař

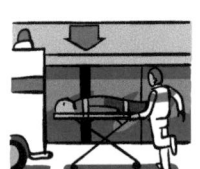

hitna medicinska služba
pohotovost

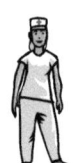

medicinska sestra
zdravotní sestra

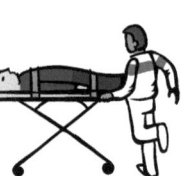

hitni slučaj
urgentní případ

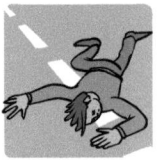

nesvijest
v bezvědomí

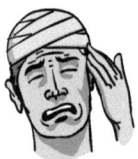

bol
bolest

ozljeda

úraz

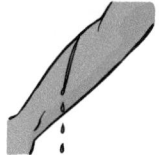

krvarenje

krvácení

srćani infarkt

infarkt myokardu

moždani udar

cévní mozková příhoda

alergija

alergie

kašalj

kašel

groznica

horečka

gripa

chřipka

proljev

průjem

glavobolja

bolest hlavy

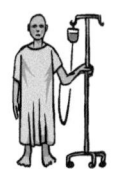

rak

rakovina

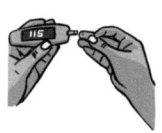

dijabetes

cukrovka

kirurg

chirurg

skalpel

skalpel

operacija

operace

ct
....
CT

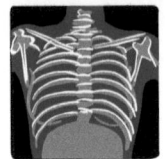

rentgen
....
rentgen

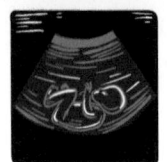

ultrazvuk
....
ultrazvuk

maska
....
maska

bolest
....
nemoc

čekaonica
....
čekárna

štaka
....
berle

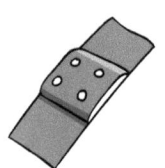

flaster
....
náplast

zavoj
....
obvaz

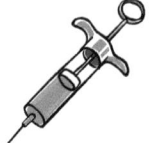

injekcija
....
injekce

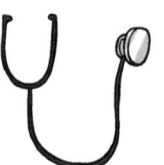

stetoskop
....
stetoskop

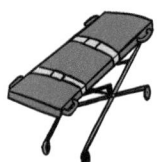

nosilo
....
nosítka

termometar
....
teploměr

rođenje
....
porod

prekomjerna težina
....
nadváha

bolnica - nemocnice

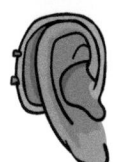

slušni aparat

naslouchátko

sredstvo za dezinfekciju

dezinfekční prostředek

infekcija

infekce

virus

virus

hiv / sida

HIV / AIDS

medicina

lékařství

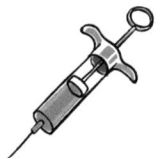

vakcinacija

očkování

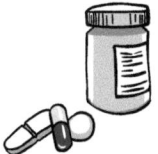

tablete

tablety

pilula

pilulka

poziv u pomoć

tísňové volání

uređaj za mjerenje tlaka

tonometr

bolesno / zdravo

nemocný / zdravý

pomoć!

Pomoc!

alarm

poplach

nasrtaj

přepadení

napad

napadení

opasnost

nebezpečí

izlaz za nuždu

nouzový východ

požar!

Hoří!

vatrogasni aparat

hasicí přístroj

nezgoda

nehoda

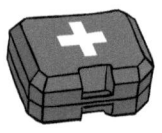

kofer prve pomoći

zdravotnická brašna

sos

SOS

policija

policie

Europa

Evropa

sjeverna amerika

Severní Amerika

južna amerika

Jižní Amerika

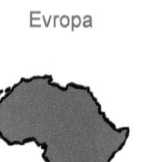

Afrika

Afrika

Azija

Asie

Australija

Austrálie

Atlantik

Atlantik

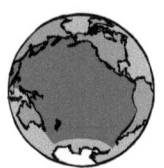

Pacifik

Pacifik

ocean

Indický oceán

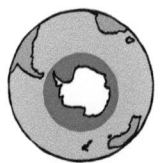

antarktički ocean

Jižní ledový oceán

arktički ocean

Severní ledový oceán

sjeverni pol

severní pól

južni pol

jižní pól

Antarktik

Antarktida

zemlja

země

zemlja

pevnina

more

moře

otok

ostrov

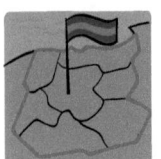

nacija

národ

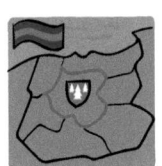

država

stát

brojčanik sata

ciferník

satna kazaljka

hodinová ručička

minutna kazaljka

minutová ručička

sekundna kazaljka

vteřinová ručička

Koliko je sati?

Kolik je hodin?

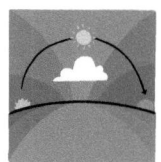

dan

den

vrijeme

čas

sada

teď

digitalni sat

digitální hodinky

minuta

minuta

sat

hodina

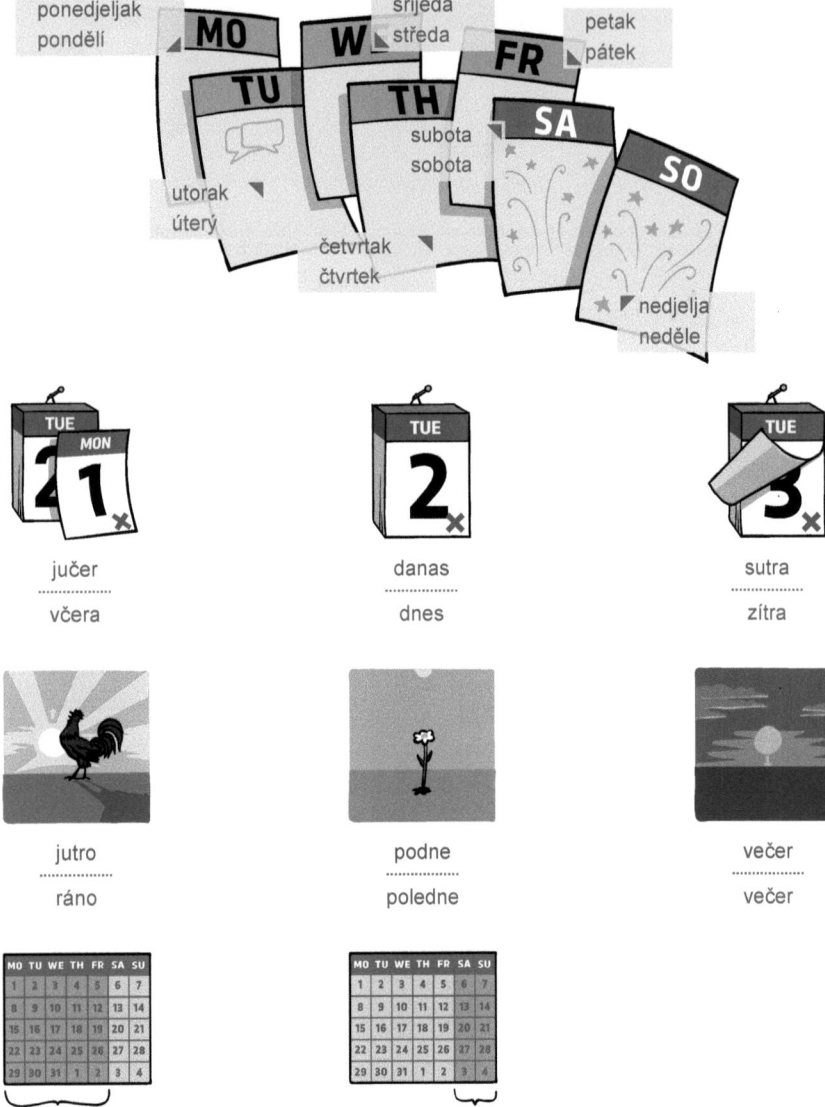

ponedjeljak / pondělí — MO

srijeda / středa — W

petak / pátek — FR

TU

TH

SA

subota / sobota

utorak / úterý — TU

četvrtak / čtvrtek — TH

SO

nedjelja / neděle

jučer	danas	sutra
včera	dnes	zítra

jutro	podne	večer
ráno	poledne	večer

radni dani	vikend
pracovní dny	víkend

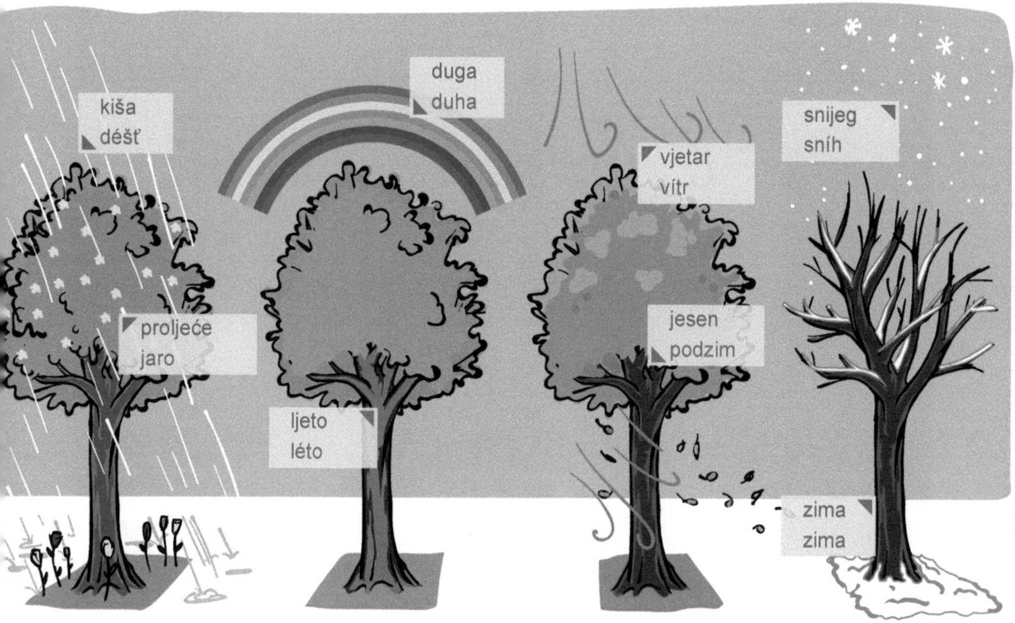

kiša
déšť
duga
duha
vjetar
vítr
snijeg
sníh
proljeće
jaro
ljeto
léto
jesen
podzim
zima
zima

4.APRIL 11°
5.APRIL 4°
6.APRIL 13°
7.APRIL 8°
8.APRIL 10°

meteorološka prognoza

předpověď počasí

F C
120 40
90 30
60 20
30 10
0 0
-30 -10
-20

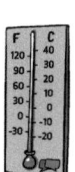

termometar

teploměr

sunčana svjetlost

sluneční svit

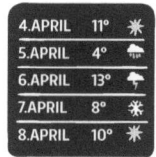

oblak

mrak

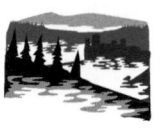

magla

mlha

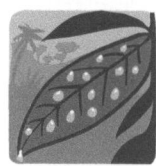

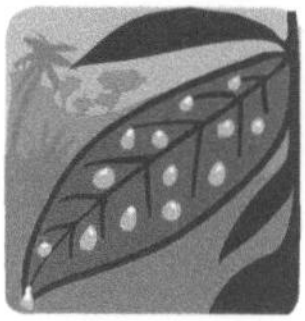

vlažnost zraka

vlhkost

munja
blesk

grmljavina
hrom

oluja
bouřka

tuča
kroupy

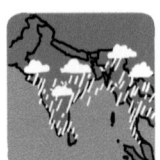

monsun
monzun

poplava
povodeň

led
led

siječanj
leden

veljača
únor

ožujak
březen

travanj
duben

svibanj
květen

lipanj
červen

srpanj
červenec

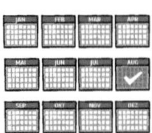

kolovoz
srpen

godina - rok

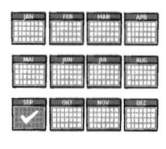

rujan
....
září

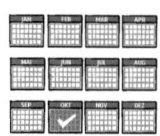

listopad
....
říjen

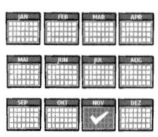

studeni
....
listopad

prosinac
....
prosinec

oblici
tvary

krug
....
kruh

kvadrat
....
čtverec

pravokutnik
....
obdélník

trokut
....
trojúhelník

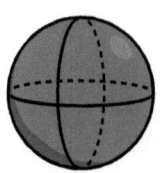

kugla
....
koule

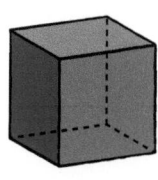

kocka
....
krychle

bijela
....
bílá

žuta
....
žlutá

narančasta
....
oranžová

ružičasta
....
růžová

crvena
....
červená

ljubičasta
....
fialová

plava
....
modrá

zelena
....
zelená

smeđa
....
hnědá

siva
....
šedá

crna
....
černá

mnogo / malo

hodně / málo

ljutito / mirno

rozzuřený / mírumilovný

lijepo / ružno

krásný / ošklivý

početak / kraj

začátek / konec

veliko / maleno

velký / malý

svijetlo / tamno

světlý / tmavý

brat / sestra

bratr / sestra

čisto / prljavo

čistý / špinavý

potpuno / nepotpuno

úplný / neúplný

dan / noć

den / noc

mrtvo / živo

mrtvý / živý

široko / usko

široký / úzký

jestivo / nejestivo

jedlý / nejedlý

zlo / dobro

zlý / hodný

uzbuđeno / dosadno

vzrušený / znuděný

debelo / mršavo

tlustý / hubený

na početku / na kraju

nejdříve / naposledy

prijatelj / neprijatelj

přítel / nepřítel

puno / prazno

plný / prázdný

tvrdo / mekano

tvrdý / měkký

teško / lagano

těžký / lehký

glad / žeđ

hlad / žízeň

bolesno / zdravo

nemocný / zdravý

ilegalno / legalno

ilegální / legální

pametno / glupo

inteligentní / hloupý

lijevo / desno

vlevo / vpravo

blizu / daleko

blízko / daleko

novo / rabljeno

nový / použitý

ništa / nešto

nic / něco

staro / mlado

starý / mladý

uključeno / isključeno

zapnutý / vypnutý

otvoreno / zatvoreno

otevřeno / zavřeno

tiho / glasno

tichý / hlasitý

bogato / siromašno

bohatý / chudý

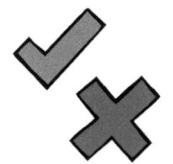

točno / pogrešno

správný / špatný

hrapavo / glatko

drsný / hladký

tužno / sretno

smutný / šťastný

kratko / dugo

krátký / dlouhý

polako / brzo

pomalý / rychlý

mokro / suho

vlhký / suchý

toplo / hladno

teplý / chladný

rat / mir

válka / mír

0	**1**	**2**
nula	jedan	dva
nula	jedna	dva

3	**4**	**5**
tri	četiri	pet
tři	čtyři	pět

6	**7**	**8**
šest	sedam	osam
šest	sedm	osm

9	**10**	**11**
devet	deset	jedanaest
devět	deset	jedenáct

12	**13**	**14**
dvanaest	trinaest	četrnaest
dvanáct	třináct	čtrnáct

15	**16**	**17**
petnaest	šestnaest	sedamnaest
patnáct	šestnáct	sedmnáct

18	**19**	**20**
osamnaest	devetnaest	dvadeset
osmnáct	devatenáct	dvacet

100	**1.000**	**1.000.000**
stotinu	tisuću	milijun
sto	tisíc	milion

engleski	američko engleski	kinesko mandarinski
angličtina	americká angličtina	standardní čínština

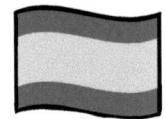

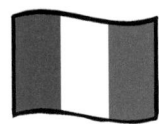

hindi	španjolski	francuski
hindština	španělština	francouzština

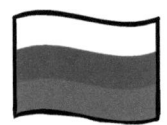

arapski	ruski	portugalski
arabština	ruština	portugalština

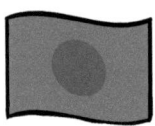

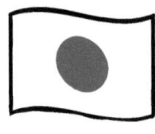

bengalski	njemački	japanski
bengálština	němčina	japonština

ja
....
já

ti
....
ty

on / ona / ono
....
on / ona / ono

mi
....
my

vi
....
vy

oni
....
oni

tko?
....
Kdo?

što?
....
Co?

kako?
....
Jak?

gdje?
....
Kde?

kada?
....
Kdy?

ime
....
jméno

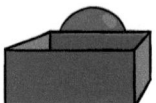

iza
....
za

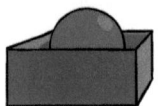

u
....
do

ispred
....
z

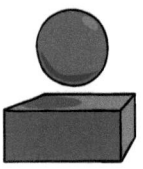

preko
....
nad

na
....
na

ispod
....
mezi

pored
....
vedle

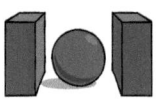

između
....
mezi

mjesto
....
místo